VENTE

du Vendredi 25 Avril 1913

HOTEL DROUOT — SALLE N° 10

A 2 HEURES 1/2

TABLEAUX MODERNES

AQUARELLES, PASTELS

DESSINS

COMMISSAIRE-PRISEUR

Mᵉ Robert BIGNON

EXPERT

M. F. MARBOUTIN

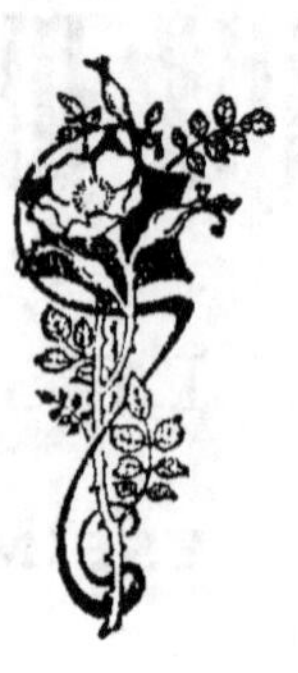

IMPRIMERIE
C. CHAUFOUR
6-8, RUE MILTON
PARIS

CATALOGUE

DES

TABLEAUX MODERNES

PAR

Appian, F. Brest, Bruandet, F. Charlet, Chavllery
H. C. Delpy, Duprat, H. Dupray
Guillemet, Gudir., E. Lepoitevin, J. Le Roy, H. Leroux, Machard
J. Massé, Olive, Pezant, L. Richet, A. Rosier, Schenck
E. Signol, Th. Weber, Ziem, etc.

AQUARELLES, PASTELS, DESSINS

PAR

Berchère, A. De Dreux, Abel Faivre, J. Frappa
Constantin Guys, Helleu, Eug. Lami, Madeleine Lemaire, Pelouse
Ten Cate, P. Vignal

EAUX-FORTES

DONT LA VENTE AURA LIEU

HOTEL DROUOT — SALLE N° 10

Le Vendredi 25 Avril 1913

A 2 HEURES 1/2

Me Robert BIGNON	**M. F. MARBOUTIN**
COMMISSAIRE-PRISEUR	PEINTRE-EXPERT
41, Rue de la Victoire, 41	2, Rue de Marseille, 2

CHEZ LESQUELS SE TROUVE LE CATALOGUE

EXPOSITION PUBLIQUE:

Le Jeudi 24 Avril 1913, de 2 heures à 6 heures

CONDITIONS DE LA VENTE

La vente sera faite au comptant.

Les adjudicataires paieront *dix pour cent* en sus des enchères.

L'exposition mettant le public à même de se rendre compte de l'état et de la nature des tableaux, il ne sera admis aucune réclamation une fois l'adjudication prononcée.

DÉSIGNATION

TABLEAUX

APPIAN

1 — Environs de Collioure.

Toile.

Haut.: 0^m30; Larg.: 0^m64.

AUBLET (A.)

2 — Barques de pêche.

Toile.

Haut.: 0^m31; Larg.: 0^m32.

BERTIN

3 — Paysage animé.

Toile.

Haut.: 0^m24; Larg.: 0^m33.

BERREKEN

4 — Moutons au repos.

Toile.

Haut.: 0^m43; Larg.: 0^m33.

BREST (Fabius)

5 — Porte de la citadelle de Trébizonde (Asie-Mineure).

Toile.

Haut.: 0^m55; Larg.: 0^m43.

BRUANDET (L.)

6 — Paysage. Effet du soir.

Toile.

Haut.: 0^m24; Larg.: 0^m31.

CHARLET (F.)

7 — Enfants hollandais.

    Panneau.

               Haut.: 0m33; Larg : 0m27.

CHAYLLERY (E.-L.

8 — L'Ouvrière.

    Panneau.

               Haut. : 0m36; Larg. : 0m28.

COROT (Ecole de)

9 — Le Pêcheur.

    Toile.

               Haut. : 0m28; Larg.: 0m40.

DAGNAN

10 — Bords d'un lac.

    Toile.

               Haut.: 0m18; Larg.: 0m17.

DAGNAN

11 — Les Pêcheurs. Effet de nuit.

    Toile.

               Haut. : 0m18; Larg.: 0m27.

DALIPHARD (Ed.)

12 — Lavoir au Bas-Meudon.

    Toi'e.

               Haut. : 0m41; Larg. : 0m54.

DECAMPS (Attribué à)

13 — Paysage avec personnages.

    Toile.

               Haut.: 0m35; Larg. : 0m48.

DELACROIX (Attribué à Eug.)

14 — Etude pour les Pestiférés.

    Panneau.

               Haut. 0m24; Larg. : 0m25

DELPY (H.-C.)

15 — Bords de Seine. Effet de couchant.

Panneau.

Haut. : 0m15; Larg. : 0m24.

DESFONTAINES

16 — La Moisson.

Toile.

Haut. : 0m49; Larg. : 0m65.

DEVILLERS (D'après Corot)

17 — Paysage animé.

Toile.

Haut. : 0m38; Larg. : 0m55.

DUFAUD (A.)

18 — Bords de l'Oise.

Toile.

Haut. : 0m36; Larg. : 0m55.

DUPRAT (Albert)

19 — Le Brescou à Martigues.

Toile.

Haut. : 0m43; Larg. : 0m61.

DUPRAY (Henri)

20 — Prise d'une batterie par la cavalerie anglaise.

Toile.

Haut. : 0m73; Larg. : 1m00.

DUVIEUX

21 — La Piazzetta Saint-Marc. Effet de couchant.

Panneau.

Haut. : 0m19; Larg. : 0m27.

ECOLE 1830

22 — Vue d'Italie.

Toile.

Haut. : 0m38; Larg. : 0m55.

ECOLE 1830

23 — Paysage avec animaux. Sèvres.
Toile.
Haut. : 0ᵐ53 ; Larg. : 0ᵐ39.

24 — Coin de village.
Panneau.
Haut : 0ᵐ22 ; Larg. : 0ᵐ27.

ECOLE FLAMANDE -

25 — Fête villageoise.
Panneau.
Haut. : 0ᵐ17 ; Larg. : 0ᵐ23.

26 — La Danse au village.
Panneau.
Haut : 0ᵐ16 ; Larg. : 0ᵐ23.

GIMON

27 — Paysage avec cours d'eau.
Toile.
Haut. : 0ᵐ60 ; Larg. : 0ᵐ73.

28 — Bords de l'Oise.
Toile.
Haut. : 0ᵐ18 ; Larg. : 0ᵐ37.

29 — Paysage.
Toile.
Haut. : 0ᵐ18 ; Larg. : 0ᵐ37.

GIRARDET (E.)

30 — Intérieur arabe.
Toile.
Haut. : 0ᵐ81 ; Larg. : 0ᵐ65.

GIROUX (ACHILLE)

31 — Chevaux et chiens.
Toile.
Haut. : 0ᵐ43 ; Larg. : 0ᵐ23.

GRAILLY (V. DE)

32 -- Paysage.
Toile.
Haut. : 0ᵐ30 ; Larg. : 0ᵐ40.

GRANDCHAMP (P.)

33 — Portrait de femme.

Panneau.

Haut. : 0^m27 ; Larg. 0^m22.

GUILLEMET (A.)

34 — Marée basse à Saint-Waast.

Toile.

Haut. : 0^m54 ; Larg. : 0^m72.

GUDIN (J.)

35 — Après l'orage. Effet de soleil sur la mer.

Toile.

Haut. 0^m34: arg. : 0^m5o.

HÉDOUIN (E.)

36 — Le Muletier.

Toile.

Haut. : 0^m24: Larg. : 0^m18.

HERVIER

37 — La Porcherie.

Toile.

Haut. : 0^m27 ; Larg. : 0^m32.

INCONNUS

38 — Rêverie.

Haut. : 0^m27 ; Larg. : 0^m22.

Panneau.
Monogramme F. P.

39 — La Naissance de Vénus.

Toile.

Haut. : 0^m32 ; Larg. : 0^m40.

KÆMMERER (Attribué à)

40 — Le Messager.

Toile.

Haut.: 0^m23 ; Larg.: 0^m

LEGAT

41 — Cour de ferme.

    Toile.

                    Haut. : 0^m38 ; Larg. : 0^m46.

LEPOITEVIN (Eugène)

42 — Sous la tonnelle. Bords de la Méditerranée.

    Toile.

                    Haut.: 0^m38 ; Larg. : 0^m65.

43 — Une Partie de pêche en Hollande.

    Toile.

                    Haut. : 0^m44 ; Larg. : 0^m62.

LE PRINCE (Attribué à Xavier)

44 — Episode des guerres du Ier Empire.

    Toile.

                    Haut. : 0^m30 ; Larg. : 0^m41.

LE ROY (J.)

45 — Très intrigués.

    Panneau.

                    Haut. : 0^m16 ; Larg. : 0^m22.

46 — Jeune chat.

                    Haut.: 0^m22 ; Larg. : 0^m16.

LEROUX (Hector)

47 — Femmes romaines.

    Panneau.

                    |Haut. . 0^m33 ; Larg. : 0^m49.

LEROUX (E.)

48 — Jeune Italienne.

    Toile.

                    Haut. : 0^m22 ; Larg. : 0^m27.

MACHARD (J.)

49 — Environs de Menton.

    Toile.

                    Haut.: 0^m33 ; Larg.: 0^m19.

MANET (Attribué à)

50 — Un Déjeuner sur la Côte de Grâce, près Honfleur.

Toile.

Haut. : 0m46; Larg. : 0m61.

MARKS (F.)

51 — Vue d'Orient.

Toile.

Haut. : 0m41 ; Larg. 0m33.

MASSÉ (J.)

52 — Sous bois.

Toile.

Haut. : 1m15 ; Larg. : 0m90.

MÉRY

53 — Poule et poussins.

Toile.

Haut. : 0m34; Larg. : 0m45.

MORLOT (A.)

54 — L'Etang.

Toile.

Haut. : 0m67; Larg. : 0m40.

OLIVE (B.)

55 — Le Fort Saint-Jean et le Pharo à Marseille.

Toile.

Haut. : 0m38; Larg. : 0m61.

PAIL (E.)

56 — Une Rue en Orient.

Toile.

Haut. : 0m55 ; Larg. : 0m38.

PETIT (Eug.)

57 — Fleurs.

Panneau

Haut. : 0m29; Larg. : 0m39.

PERGOLA

58 — Lever de lune à Venise.

Toile.

Haut. : 0m33; Larg. : 0m55.

PEZANT (A.)

59 — Vaches au pâturage. Normandie.

Toile.

Haut : 0m33; Larg. 0m46.

PICOU (H.)

60 — Femmes grecques.

Toile.

Haut. : 0m46; Larg. : 0m33.

RICHET (Léon)

61 — Coucher de soleil. Fontainebleau.

Toile.

Haut. : 0m44 ; Larg. : 0m65.

RICKNER (J.)

62 — Le Vandale.

Toile.

Haut. : 0m59; Larg. : 0m43.

ROSIER (A.)

63 — Le Palais ducal et le quai des Esclavons, à Venise.

Toile.

Haut. : 0m65; Larg. : 0m49.

SAINTIN (Henri)

64 — Le Libellule et le Papillon.

Deux panneaux.

Haut. : 0m46; Larg. : 0m27.

SCHULZ (Ad.)

65 — Forêt de Fontainebleau.

Haut. : 0m22; Larg. : 0m27.

SEIGNAC

66 — Tête de jeune fille.

Panneau.

Haut. : 0ᵐ20 ; Larg. : 0ᵐ16.

SCHENCK

67 — Moutons dans la tourmente.

Toile.

Haut. : 0ᵐ38 ; Larg. : 0ᵐ55.

SIGNOL (Émile)

68 — Les Fantômes.

Toile.

Haut. : 1ᵐ15 ; Larg. : 1ᵐ45.

SINTÈS

69 — Vue d'Algérie.

Toile.

Haut. : 0ᵐ85 ; |Larg. : 1ᵐ20.

TIVOLI

70 — Bœufs au pâturage.

Toile.

Haut. : 0ᵐ43 ; Larg. : 0ᵐ33.

THOMAS (A.)

71 — Moutons au pâturage.

Toile.

Haut. : 0ᵐ47 ; Larg. : 0ᵐ55.

TROUILLEBERT

72 — Bords de rivière.

Toile.

Haut. : 0ᵐ22 ; Larg. : 0ᵐ15.

VÉRON (A.-R.)

73 — La Chaumière.

Toile.

Haut. : 0ᵐ38 ; Larg. : 0ᵐ55.

WEBER (Th.)

74 — Gravelines. Retour des bateaux de la pêche à la
morue.

Toile.

Haut. : 0m32 ; Larg. : 0m53.

WYK (V.)

75 — Cavaliers marocains.

Panneau.

Haut. : 0m22 ; Larg. : 0m41.

ZIEM

76 — La Danse de l'almée.

Toile.

Haut. : 0m81 ; Larg. : 0m53.

77 — Soleil couchant. Côtes de Provence.

Panneau.

Haut. : 0m28 ; Larg : 0m41.

78 — Une Porte à Florence.

Papier marouflé sur toile.

Haut. : 0m22 ; Larg. : 0m33.

79 — Paysage.

Toile.

Haut. : 0m14 ; Larg. ; 0m20.

AQUARELLES, PASTELS

DESSINS, EAUX-FORTES

ADAM (H.)

79 *bis* — La Cathédrale de Paris.

Le Mont Saint-Michel.

Ypres (Belgique).

Vue de Rouen.
4 Aquarelles.

BEAUMONT (Attribué à H.)

, 80 — Scène de Carnaval.
Gouache.

BEAU (H.)

81 — La Marne à Saint-Maur.
Fusain.

BERCHÈRE (N.

82 — Le Port de Honfleur.
Aquarelle.

CAYRON (Jules)

83 — Le Bouquet.
Pastel.

Haut. : 0m65; Larg. : 0m49.

85 — A l'Atelier.
Pastel.

Haut. : 0m65; Larg. : 0m49.

CHAHINE (Ed.)

85 — Rêverie.

Pointe sèche.

86 — A Tabarin.

Pointe sèche.

87 — Portrait de Lerand.

Vernis mou.

CRAFTY

88 — Au Bois.

Dessin à la plume.

DESBOUTIN (M.)

89 — L'Attente (D'après FRAGONARD).

Pointe sèche.

DEVERIA

90 — Grisette.

Dessin mine de plomb.

DE DREUX (ALFRED)

91 — A l'Entraînement.

Aquarelle.

Haut. : 0m22 ; Larg. : 0m33.

FAIVRE (ABEL)

92 — « Une Amie ».

Dessin aquarellé.

FRAPPA (JOSÉ)

93 — Les Quatre Saisons.

Dessins rehaussés.

GUYS (CONSTANTIN)

94 — Le Bal.

Aquarelle.

GUYS (Constantin)

95 — Au Théâtre.

Lavis encre de Chine.

96 — Officier anglais à cheval.

Aquarelle.

HELLEU

97 — Au Piano.

Aquarelle.

Haut.: 0m35; Larg. : 0m52.

98 — Repos.

Aquarelle.

Haut.: 0m47; Larg.: 0m33.

99 — Sommeil.

Pointe sèche.

LAMI (Eugène)

. 100 — Le Baiser.

Aquarelle.

Haut. : 0m16; Larg. : 0m12.

LEMAIRE (Madeleine)

101 — Roses dans un vase en verre.

Aquarelle.

Haut. : 0m55; Larg. : 0m37.

PELLETIER

102 — Cabanes sur la zone, près Saint-Ouen.

Pastel.

PELOUSE (L.-G.)

103 — Les Vaux-de-Cernay en hiver.

Fusain.

TEN CATE

104 — Village sous la neige.

Pastel.

Haut.: 0m38; Larg. : 0m54

VIGNAL (P.)

105 — Une Rue de village.

Aquarelle.

Haut. : 0m35 ; Larg. : 0m25.

WAIDMANN (P.)

106 — Barques en Hollande.

Gravure originale en couleurs.

WILLETTE (A.)

107 — Allégorie.

Croquis au crayon bleu.

ZIÉGLER

108 — Neige en forêt. Compiègne.

Aquarelle.

109 — Villers. Les Roches.

Aquarelle.

110 — L'Isère.

Aquarelle.

111 — Étang dans l'Allier.

Aquarelle.

112 — Village du Bourbonnais.

Aquarelle.

ZIEM

113 — Paysage d'Italie.

Dessin mine de plomb.

Haut. : 0m22 ; Larg. : 0m35.

www.ingramcontent.com/pod-product-compliance
Lightning Source LLC
LaVergne TN
LVHW021926180726
843502LV00008B/3296